señales de españa

Reading comprehension activities

G. J. Bawcutt and P. Jeffery

Harrap London

First published in Great Britain 1981
by GEORGE G. HARRAP & CO. LTD.
182–184 High Holborn, London WC1V 7AX

ISBN 0 245–53378–8

In the same series:
Les mots de la rue
Schildersprache

With questions in English:
French Sign Language
German Sign Language
Spanish Sign Language
Italian Sign Language
English Sign Language

Set in Univers by Trident Graphics Limited, Reigate
Printed in Great Britain by David Green (Printers) Ltd., Kettering, Northamptonshire

CONTENTS

INTRODUCTION

Spanish people are proverbially hospitable, especially to foreigners, and love conversation. They would rather show you the way to the Plaza Mayor, it seems, than put up a sign pointing to its whereabouts. And, of course, the Plaza has been there a long time so everybody is likely to know where it is anyway. If you don't you must be a stranger and therefore interesting to talk to. So . . .

However, you will often find a written sign easier to understand than a barrage of rapid Spanish that you may have difficulty in following.

The language on signs is useful not only as information you need but to help you recognize patterns of language which are typically Spanish.

Recognising language on signs can save student and tourist visitors much inconvenience and at the same time make their visit more interesting.

NOTES ON USING THIS BOOK

The main purpose of this book is to encourage guided oral work in Spanish, using photographs of everyday street signs and notices as the initial stimulus. These photographs are exactly the same as those in *Spanish Sign Language*, the success of which has prompted the production of this target language equivalent.

Señales de España, however, is designed for slightly more advanced students accustomed to working in the foreign language, and for teachers wishing to develop fluency by conducting the lessons entirely (or almost entirely) in Spanish. The main aim of the questions given is to test comprehension, but as outlined below there are numerous other ways in which the material can be exploited, either within a primarily language-orientated or a mainly civilization-orientated course.

Although not every aspect of Spanish life is portrayed, a working cross-section is represented, which allows certain photographs or groups of photographs to be linked conveniently with work on particular topics. To this end, the pictures are broadly grouped under the headings of accomodation and food, communications, general notices, pastimes, road and traffic signs, shops and transport. Each section progresses from easy to harder material. Sometimes words may have spelling errors or lack accents and will need some explanation. (Lists of pictures as they relate to topics and language forms are given on page 54.)

Possibilities

a) Role-playing. This is a particularly relevant activity for exploiting further the situations in the photographs (or suggested by them). At its simplest, it is a basic transposition exercise, the student being instructed for instance to ask the way to the Pension Castell (no. 19), the teacher providing the necessary language items in his instruction. It gets more challenging if the student then has to provide an answer to the question, and more difficult still if he is asked to imagine himself in the situation described in 32/2 and make the appropriate telephone call. Group work is also possible, e.g. with one student taking the part of the ice cream vendor in no. 20 and other students ordering different quantities of different ice creams from her.

b) Describing what is going on in the photograph (with some prompting from the teacher), and any other details apart from the signs.

c) Testing can be in English instead of Spanish, with different or the same questions.

d) Many photographs pose questions about the Spanish way of life which can form the basis of discussion, essays and project work.

e) In preparation for a visit to Spain, the student can familiarize himself/herself with Spanish conditions, customs etc.

f) The language of the signs can be used as practical lllustrations of points of grammar.

g) The book can be used to introduce or maintain an element of 'survival' language in a more formal language course.

Follow up

Much of the value of material of this sort depends upon the ingenuity of the teacher. Perhaps some of the ideas below may act as starters.

1. Make your own slides during your next visit. Use colour film. Project them onto a large screen or onto the wall for maximum impact and involvement.
   Use the students' pictures as well as yours.

2. Mount four or five pictures onto card and use them as story packs. Students invent stories or situations in Spanish or English.

3. Start a competition for the most interesting, boring, wordy, funny sign met during the school trip.

4. On a visit make a set of pictures or photographs using as many visual captions as possible. Fill in with taped commentary and sound effects.

(Photo number 84 by R. Savage; all others by author)

señales de españa

Estamos en España. Es probable que entre las primeras señales que se encuentren haya señales de tráfico. Hay muy pocas señales bilingües aun cerca de la frontera. Por eso no es posible acostumbrarse lentamente a ellas. Sin embargo, semejantes a las señales de tráfico de otros países, la mayor parte son o informativos o avisos.

ZONA DE ESTACIONAMIENTO LIMITADO

ZONA AZUL
DISCO OBLIGATORIO
DE 9H. A 20H.
EXCEPTO FESTIVOS

1

Los centros de muchas ciudades españolas, como Logroño que vemos aquí, tienen demasiada circulación. En vez de emplear parquímetros prefieren zonas azules.

1 ¿Qué son zonas azules?
2 ¿Cuándo se puede aparcar?
3 ¿Cuándo no se puede aparcar?

2

Sales de Alcázar de San Juan en la Mancha. El
próximo pueblo es Herencia.
1 a) ¿En qué carretera principal están los dos
   pueblos?
   b) ¿Qué piensas que indica la letra N?
   c) ¿A qué distancia está Herencia de Alcázar de
   San Juan?
Mira las dos señales de límite de velocidad.
Alrededor del número 70 hay un círculo rojo. En la
otra una raya negra divide el número 40, color gris.
2 a) ¿Cuál es la velocidad máxima permitida?
   b) ¿Qué quiere decir la otra señal ?

3

En esta casilla de peón caminero hay un letrero
breve.
1 Es a) ¿un anuncio para bebés?
     b) ¿el nombre del lugar?
     c) ¿un mensaje a los peones camineros?
     d) ¿un mensaje al público en general?
2 ¿Qué dice?

4 En la Mancha se incluyen en algunas señales la frase 'un lugar de la Mancha' y la silueta de un caballero a caballo.

5 El pueblo próximo es Villafranca de los Caballeros.
1 ¿Qué significa su nombre?
2 ¿A qué distancia está?
3 Cuando llegues, ¿cuál entre las siguientes cosas necesitarás para aprovecharte completamente de las amenidades?
  a) una red de cazar mariposas
  b) una silla de montar
  c) una caña de pescar
  d) una caja de cartuchos de escopeta
  e) altímetro y brújula
  f) botas de trepar
  g) traje de baño
  h) una baraja
  i) una tienda
  j) un juego de herramientas para reparar pinchazos
  k) una máscara
  l) una película de color
  m) esquíes

1 ¿Qué libro de fama mundial relata la historia de tal caballero?
2 ¿A qué ciudad te acercas?
3 El coche delante está aparcado
  a) ¿en una senda de carros?
  b) ¿en el bordillo de la carretera?
  c) ¿en la acera?
  d) ¿en la pista de ciclistas?

6

Estos cuatro niños se dan prisa al pasar la entrada de este mesón. ¿Por qué?

a) Llegan tarde a comer.
b) Se acerca un coche.
c) Es peligroso entretenerse porque vehículos entran y salen por el portón a cada momento.
d) Las niñas van riñendo con el niño.

7

Todas las señales apuntan en el mismo sentido salvo una.
1 ¿Qué hay en el Centro Ciudad?
2 ¿A qué distancia está
a) Zaragoza?
b) Logroño?

8

En la carretera C115 a Arnedo hay este letrero.

1 ¿Cuál de las interpretaciones siguientes es la correcta?

  a) Oncala está a orillas del mar.

  b) Oncala es un puerto

  c) Es un puerto franco donde se puede comprar barato.

  d) Es un asilo para refugiados.

  e) Es un puerto de montaña que se puede atravesar durante todo el año.

  f) Es un puerto de montaña que a veces se cierra pero que ahora está abierto al tráfico.

2 Búscalo en un mapa de carreteras. ¿En qué provincia está?

9

Esta señal es blanca y negra y rodeada de un círculo rojo.

¿Quiere decir que

  a) se prohiben carros tirados por caballos?

  b) se prohiben carros tirados por perros?

  c) se prohiben solamente carros pequeños?

  d) se prohiben solamente carros con ruedas de metal?

10

Has ido en bicicleta por esta senda para explorar el bosque en el valle cuando encuentras esta señal.

    a) ¿Es una advertencia de un cruce sin guardia?

    b) ¿Es una advertencia de un cruce de ferrocarril sin barreras?

    c) ¿Quiere decir que sólo policías pueden ir más allá de este punto?

11

Esta señal ahora es más corriente que antes. El hombre al fondo la obedece.

    1 ¿A quién se dirige esta señal?

    2 ¿Qué dice que haga?

12

Estás en San Sebastián en la costa vasca. Esta señal está rodeada de un círculo rojo.

1. Parece que hay algunos que no hacen caso de la señal. ¿Por qué?
2. ¿Puedes citar un motivo por el que pueden tener derecho a estar ahí?
3. ¿Qué clase de empleo piensas que tengan?

13

Imagina que conduces un camión grande Pegaso lleno de carbón en el puerto de Bilbao. Son las 9 y cuarto de la noche, estás cansado después de conducir todo el día y quieres descansar lo antes posible.

1. ¿Puedes aparcar tu camión en el aparcadero ahora?
2. ¿Puedes aparcar a otras horas?
3. ¿Cuándo?

14

1 ¿En qué pueblo se celebra la corrida?
2 Uno de los chicos está agarrado a una señal 'No aparcar'. ¿Se prohibe aparcar siempre o solamente algunas veces?

15

Hay muchas señales españolas parecidas a las correspondientes en otros países.

1 Quiere decir ésta que
   a) ¿se puede aparcar?
   b) ¿no se puede aparcar?
2 Dos conductores han aparcado sus coches debajo de una señal que dice
   a) dejen despejado.
   b) aparcamiento particular.
   ¿Cuál tiene razón?
3 Estamos en una ciudad que se llama Teruel. ¿Cómo lo sabemos?

16 Te paseas por el centro de Logroño y encuentras otra señal de zona azul.

1 ¿Por qué no hay horario en la señal?
2 Si tomas el sentido en que anda la pareja de ancianos, ¿a dónde llegarás?
3 ¿Qué noticia está leyendo el señor en mangas de camisa?

a) un menú
b) la tasa de cambio
c) un horario de autobúses
d) información turística

4 ¿Qué servicios ofrece el banco?

BANCO COMERCIAL TRANSATLANTICO

17

Para aparcar en la zona azul te hace falta obtener un disco de control.

1 ¿Dónde se puede obtener?
2 ¿Dónde hay que ponerlo?
3 ¿Cuánto tiempo puedes aparcar sin multa?
4 ¿A qué hora tienes que irte?
5 ¿Cómo se cambian las horas en el disco?

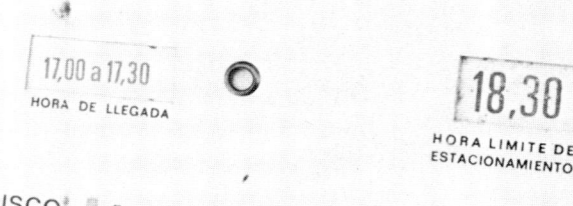

17,00 a 17,30
HORA DE LLEGADA

18,30
HORA LIMITE DE ESTACIONAMIENTO

DISCO DE CONTROL

De uso obligatorio para todo vehículo que utilice aparcamiento dentro de la zona de estacionamiento limitado entre las 9 y las 19 horas de todos los días que no sean festivos.

Deberá colocarse en el parabrisas, en el interior, y visible desde el exterior, precisamente desde la acera. Antes se hará girar el disco hasta que en la ventana de hora de llegada aparezca la hora en que se aparca.

Gran Camping Zarauz

2.ª CATEGORIA   N.° *2791*

D. *PERALTA*

Elem. de pago	Núm.	Precio por día	Importe por día
Adultos . .	*2*	*25*	*50*
Niños . . .			
Coche . . .	*1*	*25*	*25*
Moto . . .			
Bicicletas			
Autobús . .			
Caravana .			
Tienda . .	*1*	*25*	*25*

Llegada *26-8*	Total por día	*100*
	x *1* días	*100*
Salida *17-7-71*	Total a pagar	*100*

18 Mira esta cuenta de a ojamiento en el Gran Camping, Zarauz.
   1 ¿De cuántos días es?
   2 El total de la cuenta es de 100 pesetas. ¿Cómo se reparte este total?

19 En el muelle a Javea está el Bar Mediterráneo.
   Mira la casa al lado.
   1 Normalmente
      a) ¿cobras tu pensión aquí?
      b) ¿vives aquí?
      c) ¿paras la noche?
   2 ¿Subes o bajas para entrar en la pensión?

HELADOS FUENTES R. D. G. S. N° 18.181 al 18.181° SORIA	
CLASES	**Precio**
Helado de corte	7" Pts.
Bombón helado	12"
Cono n.° 1	3 "
Cono n.° 3	5 "
Barquillo	7"
Polo de vainilla	5"
" " chocolate	5"
" " fresa	3 "
" " limón	3 "
" " naranja	3 "
Barra de corte 30 x 7 x 7	80

20

1 ¿Qué tipo de negocio es éste?
2 ¿Cómo se llama la casa?
3 ¿Se puede comprar aquí helado de fresa?
4 ¿Hay también helado de café?
5 ¿Cuánto valen un barquillo y dos conos grandes?
6 ¿Cuál sería el más barato para la familia?

21

Ha llovido la mayor parte del día .
Estás en una plaza pequeña en medio de unos rosales y estás bastante aburrido.

1 ¿En qué edificio entrarías si también
   a) estuvieras cansado?
   b) tuvieses sed?
2 ¿Qué vende el Sr. Bernal?
3 **¿Qué vende el comercio a la derecha?**

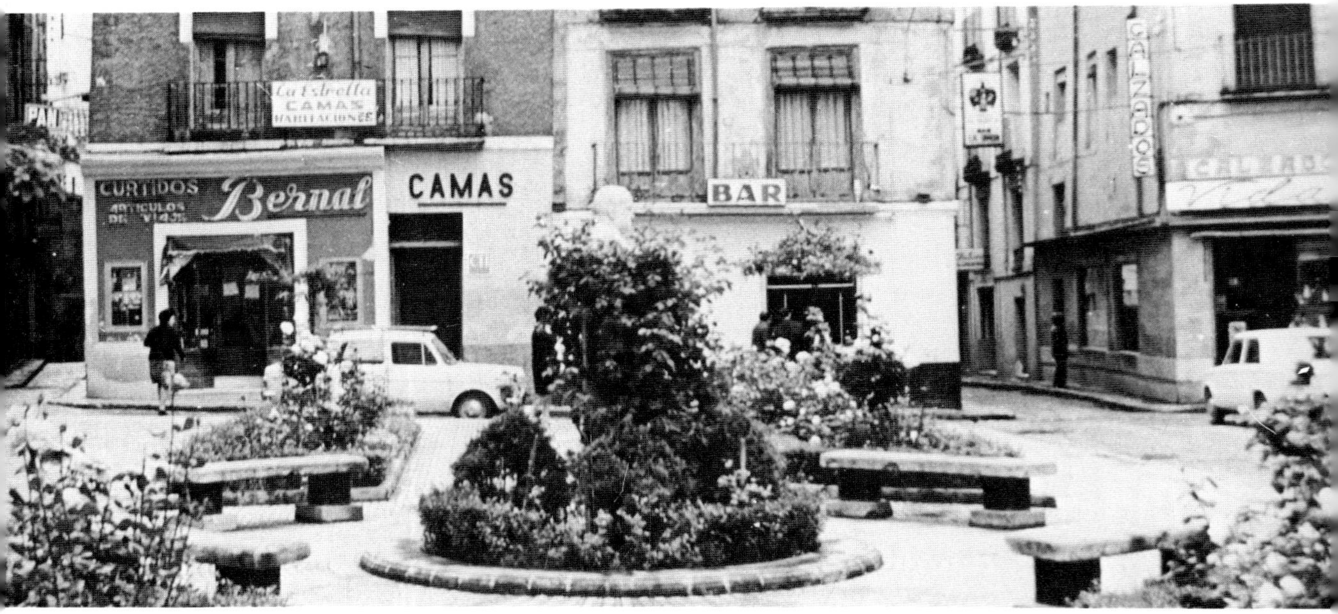

22

Esta mañana has hecho el recorrido turístico de la ciudad y ahora quieres comer algo.

1 ¿Cuáles de las siguientes cosas puedes comprar en este quiosco?
 a) helado de vainilla
 b) hamburguesas
 c) conos de helado de café
 d) coca-cola
 e) horchata de chufa
 f) bocadillos de jamón
 g) perritos calientes
2 ¿Cuánto vale una hamburguesa?

23

Has encontrado el Bar Mariñela en la parte vieja de San Sebastián y has comido bien allí.

1 ¿Qué clase de comida se vende?
2 Elige dos platos para la comida.
3 ¿Qué otros platos hay?
4 ¿Se abre o se cierra?

24

Mira la cuenta de la fonda Lorca.
1 ¿Cuáles son sus señas completas?
2 ¿Cuáles son los tres servicios que ofrece la casa?
3 ¿A qué servicio se refiere esta cliente?
4 Escribe en español la fecha completa.

"Casa Florencio"

FONDA
COMIDAS
Amós Olivares, 30 - Teléfono 74

CONCEPTO	Precio
Sopa	2 t
Judías	
Paella	
Guisantes con jamón	
Alcachofas con jamón	
Tortilla de gambas	
» » jamón	
» » patatas	
Huevos fritos	
Chuleta de cordero	5 0
» » cerdo	
Ternera	
Pescados	
Postre	7 5
Vinos	
Cerveza	
Agua mineral	
Pan	3
Café . . . . 2 .	1 2
Copa	
Cama	6 6
TOTAL	1 5 7

Pedro Muñoz, 3 de _junio_ de 1971

FONDA
RESTAURANTE

LORCA
Servicio de Taxi

Teléfono 35   PUENTE LA REINA (Navarra)   Mayor, 54

D. _____ DEBE:

Mes	Día	1 0 de 9 de 19 7 0	Pesetas	Cts.
		Una Sopa	1 5	
		1 de Costillas	6 0	
		1 de Melocotón	1 5	
		Vino	1 0	
			1 0	

25

La Casa Florencio es otra pequeña fonda típica.
Como puedes ver, se halla en Amos Olivares, 30, pero
1 ¿en qué pueblo?
2 Aunque has viajado todo el día no tenías mucha hambre. ¿En qué ha consistido la cena?
3 Te cuesta 97 pesetas. ¿Qué cuesta 60 pesetas?
4 ¿Cuáles de los siguientes se podía escoger del menú?
   a) alcachofas
   b) tortilla española
   c) tortilla de champiñones
   d) filete
   e) guisantes
   f) cerveza
5 ¿Qué quiere decir 'copa'?

Hotel AGUIRRE

Teléfono 24 de ARRE
ORICAIN (Navarra)

Nº 04133

Habitación n.º **11**

Sr. D. **Gregorio Juan Barreiros y Sra.**

Mes de 8 1975	Día 23 Pesetas	Día 24 Pesetas	Día Pesetas	Día Pesetas	Día Pesetas	Día Pesetas	Día Pesetas	TOTALES Pesetas
Habitación	300							
Pens. alimenticia ..								
Desayuno		88						
Almuerzo								
Comida		725						
Penslón								
Total del día ptas..	300	813						
Suma anterior		300						
Total serv. ordin..		1,113						1,113
Descuento %								

26 Eres Gregorio Juan Barreiros y vas a veranear a Francia. Decides cruzar los Pirineos de día y alojarte por la noche en las afueras de Pamplona en el Hotel Aguirre.

1 ¿Qué quiere decir 'y Sra.' detrás de tu apellido en la cuenta?
2 ¿Qué costó 813 pesetas?
3 ¿Para cuántas personas?
4 ¿En qué fecha?
5 ¿Qué significa 'almuerzo'?
6 ¿Cuánto valen 725 pesetas en tu dinero ahora?

27

1 ¿Cuántos platos se ofrecen por 185 pesetas?
2 ¿Si volvieras mañana, sería igual el menú?
3 Escoge un menú que sea típicamente español.
4 ¿Qué quiere decir 'postre'?
5 Otro compatriota viene a tu mesa. Como no comprende bien el español, explícale lo que puede escoger y como son los platos.

```
              MENU DEL DIA

ENTREMESES VARIADOS
GAZPACHO
CONSOME
JUGO DE TOMATE
_____

HUEVOS CON BACON
BONITO AL HORNO
_____

CALLOS A LA MADRILEÑA
POLLO ASADO
MORCILLA DE SORIA
_____
                            P O S T R E
FRUTA
FLAN
QUESO
PIÑA
HELADO

Día 20.8.75          Precio 185,- Pts.
```

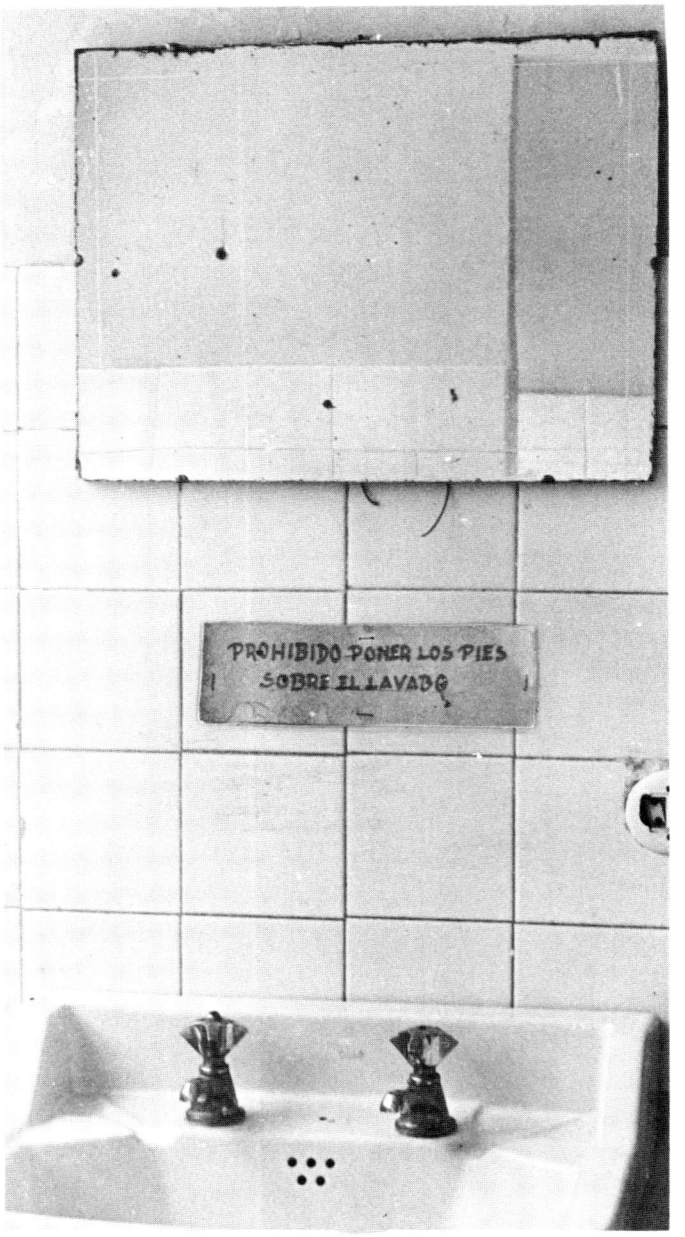

PROHIBIDO PONER LOS PIES
SOBRE EL LAVABO

28

Estás viajando. Para aprovechar al máximo el tiempo de viaje quieres salir temprano y llegar tarde. Por eso decides emplear los campings para dormir.

1 Según esta fotografía, ¿son muy lujosos?
2 ¿Qué no se puede hacer aquí?

29

Estás con tus padres un el Hotel Alfonso VIII. Esta lista está en la puerta.

1 ¿Qué es?
2 ¿Qué servicios se ofrecen a qué clase de clientes?
3 Tus padres y tú enviáis cada cual vuestra ropa de dormir, cuatro pañuelos, un juego de ropa interior y tres pares de calcetines. Además tu padre necesita que le planchen su pantalón. Si añades diez por ciento de propina al total, ¿cuánto vale?
4 Busca en el diccionario las palabras que no conoces.

LAVADO Y PLANCHADO

P R E C I O S

SEÑORA: Lavado y planchado

Camisas noche	25	Pesetas
Bragas	15	»
Sostenes	15	»
Combinaciones	30	»
Pañuelos	8	»
Pijamas	35	»
Blusas	35	»
Sueters	50	»
Faldas	60	»
Vestidos	75	»
Pantalones	70	»

Planchar solamente

Faldas	40	»
Vestidos	45	»
Pantalones	45	»
Abrigos	60	»
Blusas	30	»

CABALLERO: Lavado y planchado

Camisas	35	»
Camisetas	12	»
Pañuelos	8	»
Calcetines	10	»
Pijamas	30	»
Calzoncillos	18	»
Chaquetas	80	»
Pantalones	75	»
Sueters	60	»
Corbatas	15	»

Planchar solamente

Abrigos	90	»
Pantalones	60	»
Chaquetas	60	»
Traje completo	95	»
Corbatas	10	»

30

Estás sentado en un café bebiendo una coca-cola cuando ves en la acera un cilindro grande parecido al de la fotografía.

    1 ¿Será útil durante tus vacaciones?
    2 ¿Será tan útil a las ocho de la tarde?
    3 ¿Para qué se emplea?

31 Estás en un balneario pequeño que se encuentra en las colinas del valle del Ebro en Navarra. Ves este letrero.

  1 Quiere decir que
    a) ¿se venden correas?
    b) ¿es una oficina municipal para recaudar impuestos?
    c) ¿se puede comprar sellos y echar cartas?
    d) ¿se puede tomar parte in carreras aquí?
    e) ¿es la entrada a los baños termales?
  2 ¿Qué es una peluquería?

32

La mujer en este cartel te dice que sigas el camino más corto.

    1 ¿El camino más corto a qué?

    2 ¿Cómo te ayudará si estás solo en un lugar que no conoces y has perdido el último autobús?

33

Hay un mensaje para ti en la pensión diciendo que llames por teléfono al teatro lo antes posible tocante a unas entradas que habías comprado para esta noche. De acuerdo con las instrucciones en la cabina telefónica,

    1 ¿Qué monedas hace falta echar?

    2 ¿Funciona con otras monedas?

    3 ¿Cuánto tiempo dura una conversación de 3 pesetas?

    4 ¿Qué pasa con tu dinero si la línea del teatro está comunicando? En España

      a) ¿se pierden las 3 pesetas?

      b) ¿el aparato te devuelve las monedas?

    5 Haz un sumario de las acciones necesarias para hacer una llamada urbana en un teléfono español.

FUNCIONA UNICAMENTE CON MONEDAS DE PESETA

INSTRUCCIONES

* Descuelgue el microteléfono, y una vez oída la señal para marcar, introduzca por la ranura de la parte superior izquierda 3 o 6 monedas de peseta. No se deben introducir más de 6 monedas a la vez. A medida que el aparato vaya cobrando monedas, puede ir reponiendo las percibidas.

* A continuación marque el número deseado.

* Al contestar el número llamado se producirá el cobro de 3 monedas de peseta y comenzará a contarse el primer período de conversación de 3 minutos.

* Momentos antes de finalizar cada período sucesivo de 3 minutos percibirá una tonalidad de aviso y seguidamente se verificará el cobro de otras 3 monedas de peseta o la desconexión automática si se han cobrado todas las introducidas en el aparato.

* Al finalizar la conversación, las monedas de peseta no cobradas le serán devueltas al colgar el microteléfono.

* Si el abonado llamado no contesta o está comunicando, al colgar el microteléfono le serán devueltas igualmente las monedas de peseta introducidas.

* Podrá conversar sin interrupción mientras vea monedas a través del visor.

El precio de la conferencia urbana de 3 minutos o fracción es de TRES pesetas.

34

Este anuncio y el quiosco están en el muelle.

1 ¿Qué compran las señoras para ellas y para sus niños?
a) helados
b) excursiones por la bahía
c) cerveza y gaseosa
d) recuerdos de San Sebastián
e) vueltas por la ciudad en autobús

2 ¿Águila es la marca de la cerveza o el apellido del dueño del quiosco?

3 ¿Cuánto les devolverán de un billete de 500 pesetas después de haber pagado por ellas y los niños?

35

Acabas de llegar a Pamplona y se te ha acabado la gasolina. Ves el Garage San Fermín.

1 ¿Se vende gasolina allí?

2 ¿Qué servicios se anuncian? Explícalos.

36

Viajas de prisa y el coche gasta 12 litros por hora. Decides llenar el depósito ahora porque te acercas a una región desierta donde probablemente no habrá estaciones de servicio.

1 Escoges super. ¿Qué es gasolina?
2 ¿Qué quiere decir '96 N.O.'?
3 Lee el contador. Si la gasolina puesta te cuesta 500 pesetas,
   a) ¿Cuántos litros has comprado?
   b) ¿Cuánto cuesta el litro?

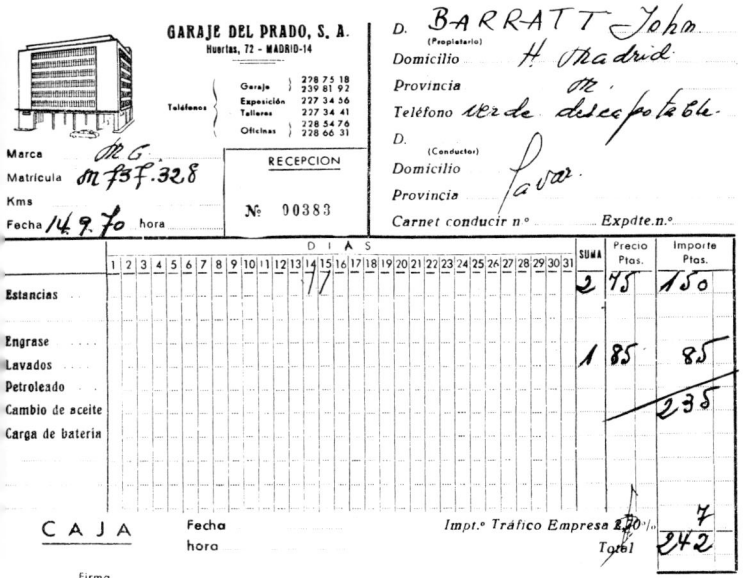

37

Esta cuenta se presenta al Sr. John Barratt.

1 ¿Por qué servicios?
2 ¿Cuándo?
3 ¿Por qué coche?
4 ¿Con qué matrícula?
5 ¿Cuáles son los otros 4 servicios en a lista?
6 ¿Para qué son las 7 pesetas extra de la factura?

38

En la mayoría de las estaciones de ferrocarril españolas se ve un número con una raya corta debajo. El número es distinto para cada estación.

    1 ¿A qué se refiere?
       a) el peso máximo permitido en el andén.
       b) la fecha de construcción.
       c) la población de la ciudad.
       d) la altitud.
       e) el número de teléfono de la estación.
    2 ¿Qué anuncia el cartel que se refiere a los cereales?
    3 Hay una puerta con el letrero 'salida'. ¿Para qué se emplea?

HORA	MINUTOS	CLASE DE TREN	DESTINO	COCHES	OBSERVACIONES
		DIRECCION	CASTEJON		
	4	OMNIBUS–FERROB.	ZARAGOZA	FERROBUS	
1 6	2 0	OMNIBUS	CASTEJON	2'	
1 8	0 3	RAPIDO TER	PAMPLONA BILBAO	1'-2' RTE	
		DIRECCION	TORRALBA		
6	2 0	FERROBUS	MADRID	FERROBUS	
1 2	0 3	OMNIBUS	MADRID	2'	
1 8	0 5	RAPIDO TER	MADRID	1'-2' RTE.	
1 8	4 0	FERROBUS	MADRID	FERROBU	

39

Dejas Soria para Pamplona a las 18–03.

    1 ¿Se refiere este horario a
       a) un servicio de autobuses?
       b) un servicio de autocares?
       c) un ferrocarril?
       d) un servicio aéreo?
    2 ¿Saldrás por la mañana o por la tarde?
    3 ¿Se puede viajar en primera clase?
    4 ¿Qué tipo de tren es?
    5 ¿Es probable que haya correspondencia con un tren a otro destino?
    6 Si es así, ¿adónde?

40

1 ¿Qué quiere decir 'llegadas'?

2 Esperas a una amiga que viene a pasar unas vacaciones contigo. Viajará lo más barato posible. ¿En qué trenes la buscarás?

3 ¿Si quieres ir a la capital podrás encontrar en ese horario un tren que te convenga?

DE TRENES LLEGADAS

HORA	MINUTOS	CLASE DE TREN	PROCEDENCIA	COCHES
		DIRECCION	CASTEJON	
1 3	2	OMNIBUS	CASTEJON	2'
1 8	0 2	RAPIDO TER	BILBAO PAMPLONA	1'-2' RTE
2 1	3 0	FERROBUS	ZARAGOZA	FERROBUS
		DIRECCION	TORRALBA	
1 1	1 0	OMN-FERROBUS	MADRID	FERROBUS
1 6	1 4	OMNIBUS	MADRID	2'
1 7	5 9	RAPIDO TER	MADRID	1'-2' RTE
2 2	2 4	FERROBUS	MADRID	FERROBUS

41

Vas a recoger un paquete que se te ha enviado por ferrocarril y lo ves en el andén:

1 ¿En qué puerta entrarás para reclamarlo?

2 ¿Qué harías si estuvieses detrás de la otra puerta?

3 ¿De qué manera trata el cartel de hacerte comprar coñac?

42

Todavía no has comprado billetes para tu excursión a Pamplona. Piensas en esto mientras vas de compras por el centro de la ciudad. Ves un autobús enfrente del despacho de la Renfe. Cerca está un letrero que dice 'Reservado·coches, despacho central'.

  1 ¿Qué significa esto?
    a) Estás en la estación de autobuses.
    b) Estás enfrente de una estación suburbana de ferrocarril.
    c) Estás en un parque de autobuses.
    d) Se venden aquí billetes de la Renfe.
  2 ¿Qué significa S.P. al lado de la matrícula del vehículo?

43

El letrero en la puerta dice que se venden billetes.

  1 ¿Billetes para qué?
  2 ¿Qué significa la abreviatura Renfe?
  3 ¿Está abierta la oficina en este momento?
  4 ¿Qué autobús te llevará a la estación con tiempo para coger el tren de las 18–03 para Pamplona?
  5 ¿A qué hora se cierra la oficina?
    a) por la tarde
    b) para almorzar
  6 ¿Cuándo se cierra la oficina todo el día?

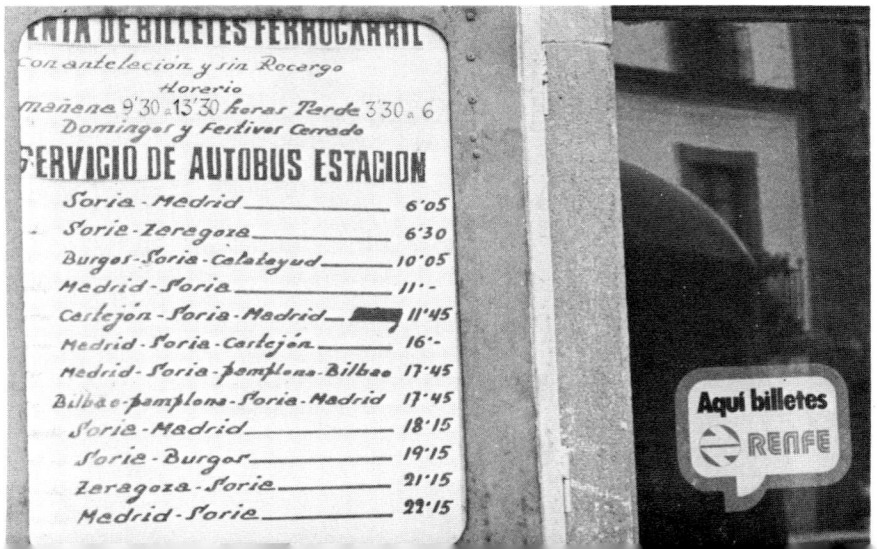

44 Tabacaleras son quioscos del Estado; cada una tiene su propio número
1 Di dos cosas que venden.
2 S.A. significa Sociedad Anónima. ¿Qué quiere decir esto en tu idioma?

45 Has hecho muchas fotografías y desgraciadamente no te queda más película de color.
1 ¿Se puede comprar otro carrete en una de estas tiendas?
2 ¿Se puede escoger entre varias marcas?
3 ¿Puedes comprar en la misma tienda regalos para llevar a casa?
4 Cita dos posibilidades.
5 Los timbres, ¿para qué sirven?

46

1 ¿Es posible comprar en estos comercios unos zapatos y una camisa?

2 ¿Qué profesión tiene el señor Roldán?

3 Se venden pasteles y tartas en una pastelería. ¿Qué es una pastelería?

47 ¿En qué comercio, el de Ruiz o el de Gallardo, se venden los siguientes objetos?

a) una maleta
b) cartuchos
c) una cartera
d) un recuerdo
e) chorizo
f) moscas artificiales
g) queso
h) una correa de reloj
i) una paellera
j) pinzas
k) yogurt
l) 500 g de mantequilla
m) una bota para vino
n) vino

48 La Casa Megino en Soria les ofrece a sus clientes una liquidación de precios.

    1 ¿Qué quiere decir esto?

    2 Una señora y un señor parecen interesados en los artículos en la vidriera. ¿Qué clase de mercancía son?

    3 ¿Qué estación del año es?

49 Hay una liquidación en este comercio.

    1 Los carteles anuncian algunos artículos en venta al público. ¿Qué quiere decir cuñas y zapatillas?

    2 ¿Son para jóvenes o mayores?

    3 ¿Se hace un descuento del diez por ciento si compras 6 pares? ¿Cómo lo sabes?

50 Logroño. Estamos mirando escaparates hasta que abran los bancos. Allí, puesto en la vidriera de Sancarlos está el aviso este.

1 ¿De qué se trata?
2 Sancarlos es parte de una red de almacenes y no un comercio familiar. ¿Es verdad o no?
3 A ti, el cliente, Sancarlos te ofrece ¿qué?
4 ¿Qué otras cosas además de cortinas se venden aquí?
5 ¿Por quiénes está hecho este servicio?
6 ¿Cuánto te costará aprovecharte de esta oferta?

51 Junto a la tienda Raquel hay otro comercio.

1 ¿'Viajes' es el nombre del proprietario o indica un producto?
2 Cita dos cosas que se pueden comprar en este comercio.
3 Deseas visitar Segovia. ¿Puedes comprar billetes aquí?
4 Necesitas con urgencia copias de la póliza de seguros de tu máquina fotográfica. ¿Cuánto tiempo tendrás que esperar para tenerlas?
5 Es probable que la empresa Eugene haya dado la placa a la casa Raquel. ¿Qué cosas en la lista siguiente puedes comprar aquí?

a) cepillo y peine   e) un afeitado
b) champú   f) un servicio de manicura
c) perfume   g) una limpieza de cutis
d) un marcado de pelo

52

Es pleno verano del año 1975.

1 ¿Dónde estás?
2 ¿Ha cumplido lo previsto la empresa constructora?
3 ¿Por cuánto tiempo continúa el Plan Nacional?
4 ¿Quién ha promovido este Plan?
5 Hay 19 viviendas y locales. ¿Cómo son?
6 Describe la función del aparejador.
7 Como profesión ¿qué hace el Sr. D. Ángel Coronado?
8 ¿Qué significa la 'D' en su título?

53

1 ¿Cuántas profesiones y oficios distintos se anuncian en estas placas?
2 Visitas al Dr. D. Agustín Alesanco por motivos profesionales. ¿Qué puedes tener?
   a) uñeros en los dedos del pie
   b) halitosis
   c) un divorcio pendiente
   d) una audición
   e) tuberculosis
   f) un traje para planchar?
3 ¿Es verdad que se venden ceniceros y otros requisitos de fumador en la casa de J. Moreno? Si no, ¿qué hace como profesión este señor?

54 El señor mira fijamente el escaparate.
1 ¿Qué tipo de comercio es?
2 El señor parece mirar la artesanía de plata. ¿Qué le dice que es probablemente de plata?
3 ¿Qué más se vende aquí?

55 Entras en la tienda por la puerta que dice 'Taller de Relojería'.
1 ¿Por qué es una suerte que no vas a dejar un reloj sino a recogerlo?
2 ¿A causa de qué?
3 Es martes y las cuatro de la tarde. ¿Está abierto el comercio?
4 Si vienes aquí en setiembre es posible que encuentres la tienda cerrada. ¿Cuándo?

56

Estos anuncios están pintados en un lado de la camioneta. La placa redonda nos indica que la matrícula es de Zaragoza y nombra ciertas mercancías.

 1 ¿Qué mercancías?
 2 ¿Qué bebidas?
 3 ¿Dónde se halla esta empresa?
 4 ¿Cuál es el nombre del negocio?

57

Este señor, por lo visto, tiene la intención de entrar en la puerta con el cierre echado.

 1 ¿Es verdad que los barriles y cajas de embalaje en primer plano pertenecen a la casa Rivera?
 2 ¿A qué parte de la casa Rivera se puede llegar por este portal?

58

Acabas de gastar setenta y seis pesetas por un
¼ de kilo de champiñones y 2 kilos de plátanos.

    1 ¿En dónde crecen los champiñones?
      a) en los árboles
      b) en el suelo
      c) en arbustos
      d) en el agua?
    2 ¿Qué son plátanos? (son de color amarillo y
      no se dan en la España peninsular)

59

Cuatro personas se acercan a la tienda Villar.
Una de las mujeres lleva una bolsa de la
compra.

1 ¿Qué tipo de tienda es ésta?
2 Si la palabra 'embutir' también significa
   llenar, ¿qué quiere decir 'embutidos'?
3 Haz una lista de compras para el almuerzo.
   Hazla en español.

60

1 ¿De quién es este camión?
2 ¿Qué hace su empresa?
3 ¿En qué pueblo y provincia?
4 ¿En dónde se matriculó el camión?
5 ¿Qué significa 'isotermo'?

61

1 ¿Qué es una carnicería?
2 El letrero te ofrece pollos a 88 pesetas el kilo.
   ¿Te cuestan más dinero aquí o en tu tienda
   local?
3 ¿Qué quieren decir las palabras del letrero
   más grande?

62 Deseas ofrecer a la patrona de tu pensión un regalito modesto.

  1 ¿Te parece que convienen los claveles?
  2 ¿Cuántos claveles bastan para tal regalo?
  3 Recibes 20 pesetas de vuelta y compras algo más. ¿Qué compras y cuántos kilos compras?

Una señora en la frutería ha pagado

63 veinticinco pesetas el kilo de uvas;
dieciocho pesetas el medio kilo de pimientos;
treinta y cuatro pesetas por dos kilos de tomates.
En tu propio idioma, ¿qué ha comprado la señora?

64 Esta señora tendrá que buscar otro comercio, pues ya está cerrado el Autoservicio Pérez.

1 ¿Qué tipo de comercio es éste?
2 ¿Hay dependientes?
3 ¿Vienes aquí para comprar un peine o champú?
4 ¿Qué otros productos hay que se venden aquí?

65

Unas puertas más allá hay una tienda donde se vende pescado. Hay truchas en el mostrador. Les gustan mucho a tus amigos españoles las truchas, pero

1 ¿Qué son?
2 ¿Cuántos kilos estás comprando?
3 Valen 155 pesetas el kilo. ¿Cuánto le debes al pescadero?
4 ¿Cómo se llama este tipo de comercio?

66

Durante tu estancia en España te resuelves a aprender a nadar.

    1 ¿A qué te puede ayudar el Miniclub?

    2 ¿Se aprende aquí esquí náutico?

    3 ¿Está prohibido

        a) bañarse desnudo?

        b) dar una vuelta por la playa con un animal antes del desayuno?

        c) montar tienda después de las nueve de la mañana y antes de las ocho de la tarde?

        d) tirar basura en la playa a la hora de la marea alta?

67

Vas a la plaza de toros en Olite.

    1 ¿Qué número tiene tu asiento, 178 o 20?

    2 ¿En qué parte de la plaza se encuentra?

    3 Si sigue haciendo sol y calor ¿cómo se sabe que está bien situada tu localidad?

    4 El anuncio de Super Ser incluye radiadores, cocinas, lavadores y estufas. ¿Qué clase de expresa es Super Ser? Traduce los productos en tu propio idioma.

68

Al dar una vuelta por la parte vieja de San Sebastián pasas delante de estas placas.

1 ¿Qué hay en este edificio?
2 Son las once de la mañana. ¿Está abierto?
3 ¿A qué hora se cierra por la tarde?
4 ¿Cuánto cuesta la visita para adultos?
5 El público puede ver algo a las 6.
   a) ¿Qué es?
   b) ¿A qué hora y en qué días?

69

1 ¿Estás a la entrada de –
   a) un manicomio?
   b) un hospital?
   c) una iglesia?
   d) un convento?
   e) una cárcel?
   f) un museo de arte?
   g) un monumento de interés histórico?
2 ¿Qué te costará 25 pesetas?
3 ¿Hay un descuento del diez por ciento para niños de 13 años y medio?
4 ¿A qué hora de la tarde es mejor llegar para visitar al claustro?

70 Se estrena en el cine Coliseo '7 Muertos en el ojo del gato'.

1 ¿Es posible ir esta noche?
2 ¿Se permite entrar a tu hermano de 16 años?
3 ¿Qué tipo de película es ésta?
  a) ¿un romance?
  b) ¿una farsa?
  c) ¿una película de suspense?
  d) ¿un espectáculo musical?
  e) ¿una película de aventuras?
4 ¿Qué significa el título de la película?
5 Se anuncian en algunos cines las palabras 'refrigerado' o 'aire acondicionado'. ¿Prefieres ver la película en uno de estos cines o no? ¿Por qué?

71

Este señor está comprando billetes en el Cine Rex para esta noche.

1 ¿A qué hora empieza cada sesión?
2 ¿Qué tipo de localidades hay?
3 Si coges plateas, ¿estarán lejos de la pantalla?

72

En la piscina se lee este aviso.
1. ¿A quién se dirige?
2. Se ruega a los nadadores no entrar en la piscina
   a) ¿desnudos?
   b) ¿vestidos con bikini?
   c) ¿antes de pagar?
   d) ¿sin cubrirse el pelo?
   e) ¿antes de ducharse?

73

Este año en agosto veraneas en Santander. La Oficina de Información y Turismo se complace en anunciar su festival internacional.
1. ¿Es posible asistir a una pieza dramática?
2. Muchos de los sucesos son extranjeros. Querrías ver algo típicamente español. ¿Hay muchas posibilidades?
3. En tu propio país se pueden escuchar transmitidos por la radio española los conciertos. ¿Durante tu visita a Santander podrás asistir a un concierto en directo?
4. ¿Qué países del bloque comunista se presentan en el festival?
5. ¿Cuántas variedades de espectáculos se pueden apreciar en la guía?

74 Éste es tu billete para entrar en el cine Coliseum.
1 ¿Vale para qué sesión?
2 ¿Y en qué fecha?
3 ¿Se halla tu localidad en el piso de arriba o de abajo?
4 ¿Es un buen sitio?
5 ¿Es posible sentarse dondequiera?

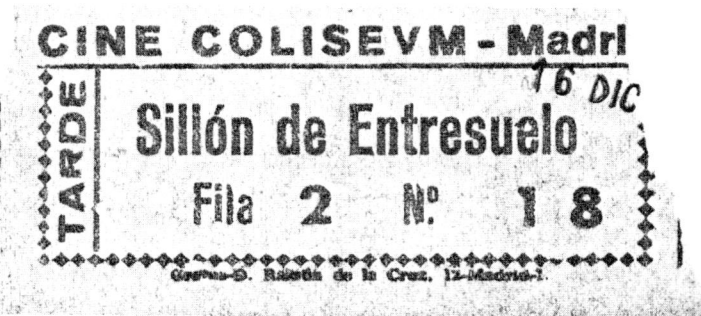

CINE COLISEVM - Madrl

TARDE

Sillón de Entresuelo
Fila 2 Nº 1 8

16 DIC

Gueras D. Ramón de la Cruz, 17-Madrid-1.

75 Eres jefe de estos coches de choques.
1 Hay cinco coches en la pista. ¿Cuánto dinero has ganado en esta vuelta?
2 ¿En qué manera te pagan tus clientes?

3 Una turista se queja de la pérdida de su estilográfica Parker y quiere reclamar. ¿Qué le contestas?
4 ¿Está prohibido el chocar con los demás coches?
5 ¿Qué otras advertencias de seguridad hay?

76

El edificio en la imagen es uno
entre los muchos monumentos
históricos de Segovia.

1 ¿Qué tipo de monumento es?
   a) religioso
   b) una casa fortificada contra los
      moros
   c) un faro
   d) una ermita
2 ¿Quién lo construyó?
3 ¿Cómo se emplean las diez
   pesetas del precio de tu entrada?

FIESTAS PATRONALES - Olite

PROGRAMA de Festejos organizados por el Club

Día 13

A las 5 y cuarto gran partido de Fútbol entre los

equipos **HURACAN F. C. - ERRI-BERRI**

(DE ALLO)

Día 17

A las 5 de la tarde, Extraordinaria Novillada, en la que serán lidiados 2 NOVILLOS por los aficionados de la localidad,

José Julián Eraso Erro (Caracoles)
y Angel Lacarra Luna (Gatera)

con sus correspondientes cuadrillas **(PRECIOS POPULARES).**

A continuación de la Novillada, chavales infantiles jugarán un partido de fútbol con dos novillas en el ruedo; el equipo vencedor obtendrá un gran Premio.

Día 19

A las 5 y media de la tarde partido de Fútbol entre los equipos Juveniles,

Peña Sport - Erri-Berri

Día 21

Para finalizar las fiestas, GRAN VERBENA a beneficio del Club, en colaboración con la Sala «El Castillo»

¡¡OLITENSES!!
Colaboremos con nuestro Club

IMP. GOLDARACENA. - TAFALLA

---

77 Es la feria de Olite. Como se ve en el programa será una semana muy divertida para todo el mundo.

1 Según el programa, ¿quién ha organizado los festejos?
2 ¿Qué son los sucesos distintos?
3 a) ¿El día 17, es el día de qué festejo?
   b) ¿Quiénes son *Caracoles* y *Gatera*?
   c) ¿Son de categoría profesional?
   d) ¿Crees que son bien conocidos en la localidad?
   e) ¿Qué es una cuadrilla exactamente?
   f) En la lidia de toros hay varios grados. Entre ellos hay la novillada, la corrida y la becerrada. Busca la diferencia entre una novillada y una corrida de toros.
   g) ¿Vale mucho o poco una entrada para la novillada olitense?
   h) ¿A qué hora empezarán los festejos?
4 Para finalizar las Fiestas Patronales, una gran verbena. ¿Qué hace todo el mundo en una verbena?

78 Un transeúnte te pregunta tu opinión sobre alguna de las informaciones de este cartel.

1 Él ha oído de D. Ángel Peralta pero no sabe seguro quien es. ¿Quién es?
2 ¿De qué manera distinta lidia él los toros?
3 ¿En qué fechas se pueden ver en el ruedo
   a) El Cordobés?
   b) Los señores Peralta?
4 ¿En qué son diferentes los toros de D. Clemente Tassara de los de Núñez Hermanos?

PLAZA DE TOROS

CORDOBA

Empresa: VALENCIA

Con motivo de la FERIA DE MAYO 1.971,
durante los dias **25, 26, 27, 29 y 30**
se celebrarán, patrocinados por el Excmo. Ayuntamiento con permiso
de la Autoridad y si el tiempo no lo impide,

5 Grandes Acontecimientos Taurinos, 5

Martes, 25.

¡GRANDIOSA CORRIDA DE TOROS¡

D SEIS magnîficos Toros, SEIS

Divisa blanca y azul. Señal: Rajadas las dos orejas en forma de pendiente. Ganadería de

NUÑEZ HERMANOS

De Tarifa- (Cádiz.) ESPADAS:

Santiago Martin EL VITI

MANUEL BENITEZ

EL CORDOBES

F^{lorencio} Casado **EL HENCHO**

Con sus cuadrillas de picadores y banderilleros.

Jueves, 27.

¡¡Gran Corrida del Arte del Rejoneo!!

SEIS Magníficos y Bravos TOROS, **SEIS**

Divisa: Verde y amarilla. Señal: Brincada en
ambas ganadería, de a afamada ganadería de

D. CLEMENTE TASSARA

de MADRID. Para los cuatro jinetes del apoteósis,

D. Angel **Peralta** ▪ D. Rafael **Peralta**

D. Alvaro **Domecq** ▪ D. José M. **Lupi**

Con sus cuadrillas de auxiliadores y sobresalientes.

5 Estás metido en una animada charla con tu nuevo amigo. Te dice que los espadas y también los jinetes tienen sus propias cuadrillas. En este sentido, explica la palabra espada.

6 Una sola cosa podría impedir la celebración de la corrida. ¿Qué es?

7 ¿Qué lidia será más popular, crees tú, con los aficionados de Córdoba?

79

Este signo impide la entrada a:

    a) ¿todo el mundo?
    b) ¿toda persona que hable
       español?
    c) ¿toda persona que no
       trabaje allí?
    d) ¿toda persona cerca del
       cartel?

80

En las afueras de Zarauz. El turista te acaba de preguntar lo que quiere decir esta señal.

  1 ¿Le contestas que –
    a) las Cajas de Ahorros de Zarauz
       se hallan en los cinco sitios
       abajo citados?
    b) representa las únicas iglesias
       que celebran la misa durante
       la temporada turística?
    c) es una lista de los
       monumentos y conventos del
       pueblo?
    d) representa los nombres de
       edificios y monumentos de
       interés turístico?
  2 ¿Qué significa la abreviatura 'S'
    seguida por los números
    romanos?

81

En las cercanías de una aldea se halla esta fuente. ¿Qué dice el aviso en primer plano? ¿Que el agua es para

      a) llevar?
      b) cocinar?
      c) beber?
      d) lavarse?
      e) fregar?
      f) dar a los animales?

82

Al lado de la carretera en los alrededores de ciertos pueblos hay algunas veces tales anuncios.

    1 ¿A qué hora se celebra el oficio de la tarde?
    2 ¿Cómo se llaman los oficios de la mañana? ¿A qué hora se celebran?
    3 ¿De qué rito es la iglesia española?

83

Aquí están unos informes de las misas que se celebran en Soria.

1 ¿En qué días se celebra la misa?
2 ¿Es posible asistir a una misa celebrada por los padres carmelitas a las siete y media de la mañana los domingos?
3 ¿Cómo se ha dividido la información para hacerla más fácil al lector?
4 El domingo que viene, tus padres quieren asistir a la misa de la catedral. ¿A qué horas podrían ir?
5 Decides ir a la misa de las 8.30 horas. ¿A qué iglesia debes ir?
6 Explica las abreviaturas PP y RR PP.

HORARIO DE MISAS EN SORI

LOS DIAS DE PRECEPTO

SÁBADOS POR LA TARDE
y vísperas de fiestas

Hora	Templo.
6	San Francisco - (Antiguo Hospital).
6,30	S. I. Catedral de S. Pedro.
7	San Juan de Rabanera. PP. Escolapios.
7,30	PP. Carmelitas. PP. Franciscanos.
8	Santa María La Mayor. El Salvador.

Domingos y festivos

(Por Iglesias)

S. I. CATEDRAL DE SAN PEDRO
9, 10'30, 11'30, mañana
y 6'30 tarde.

RR. PP. CARMELITAS
8, 9, 10, 11, 12'30, 1'30 mañana
y 7'30 tarde.

PARROQUIA DE NTRA. SRA. DEL ESPINO

Domingos y festivos. - (Por ho

Por la mañana

7,30	PP. Escolapios.
8	PP. Carmelitas. Siervas de Jesús.
8,30	Santa María La Mayor. PP. Escolapios. PP. Franciscanos.
9	S. I. Catedral de San Pedro. PP. Carmelitas. San Juan de Rabanera. El Salvador. San José (solo en verano).
9,30	Santa María La Mayor. PP. Escolapios. PP. Franciscanos. San Francisco de Asís - (Antiguo Hospital).
10	Ntra. Sra. del Espino. PP. Carmelitas. Santo Domingo. El Salvador. San José (Barriada de Yagüe). (En veranc a las 9). Ermita de San Saturio (solo en verano).
10,30	S. I. Catedral de S. Pedro. Santa María La Mayor. PP. Franciscanos. PP. Escolapios.

84

Por toda la mañana has disfrutado mucho visitando ciertos puntos de interés. Al pasar por una plazuela ves el aviso este.

1 ¿Es verdad que vale 500 pesetas por el uso del wáter?
2 ¿Vale igual para los niños también?
3 Se prohibe algo. ¿Qué es?
4 ¿Qué se te hará si no obedeces?

85

1 ¿Qué es una Reserva de Caza?
2 ¿Qué se encuentra en una tal reserva?
3 El aviso de más allá dice algo de incendios. ¿Qué es?
4 ¿Qué es una colilla?
5 ¿Está prohibida la pesca, o no?
6 Los signos que dicen 'coto' son más corrientes. ¿Qué diferencia hay entre coto y reserva nacional?

86

Imagínate que viajas hacia el Oeste por Castilla la Vieja.

1 Si sigues el Camino de Santiago, ¿adónde vas?
2 ¿Es antiguo este camino, o no?
3 ¿En siglos pasados, quiénes fueron los viajeros?
4 ¿En dónde pasaban la noche?
5 ¿Qué quiere decir S.XIII?
6 ¿Qué te interesará mucho si sigues por toda España esta ruta?

87

1 ¿Qué cosas pondrías en este recipiente?
   a) cartas
   b) lentes
   c) basuras
   d) recetas
   e) películas para revelar
   f) billetes de transporte gastados
2 ¿Por qué está el nombre de Martínez Terrel en el recipiente? ¿Es el basurero?
3 ¿Qué clase de mercancía te ofrece?
4 ¿Cuáles son las señas del Sr. Martínez?

88

Es el escudo de armas de Navarra. Este letrero se halla en una preciosa vista panorámica en el monte pirenaico. La vista es extendida y le gusta a mucha gente.

1 En tus propias palabras, ¿qué dice el aviso?
2 ¿Por qué crees que puede ser útil un tal aviso?

89

Es el doce de julio. Oyes un grito:—
¡Sale hoy! ¡Sale hoy! — y a la vez
ves un cartel de la Lotería Nacional.

1 ¿Qué significa el 12 de julio?
2 ¿En total, cuánto dinero hay para
   premios?
3 Ves un despacho de lotería y te
   decides a gastar 500 pesetas.
   a) ¿Qué es lo que vale 500
       pesetas?
   b) ¿Cuánto dinero necesitarías
       para comprar un billete
       entero?

TOPICS

	Picture Number
Road and Traffic Signs	*1-17*
Information	2-10, 14, 15, 16
Instructions	6, 9, 11-13, 15, 16
Parking and Blue Zone	1, 13, 15-17
Accommodation and Food	*18-29*
Camping	18, 28
Hotel	26, 29
Pensión	19, 21
Restaurants	23-26, 27
Ice cream	20, 22
Other refreshment	21, 23
Communications	*30-33*
Transport	*34-43*
Boat	34
Car and Garage	35-37
Railway Station	38, 41
Train timetables	39, 40, 43
Shops — General	*44-55*
Sale time	48, 49
Shops — Food and Drink	*56-65*
Pastimes	*66-78*
Bulls	67, 77, 78
Cinema, theatre	70, 71, 73, 74
Fairground	75
Football	77
Sightseeing	68, 69, 76
Swimming	66, 72
General Notices	*79-89*
Information	80-87, 89
Prohibition	79, 84, 85, 88

LANGUAGE PATTERNS

	Picture Number
a with distance and place where	5, 8
a with warning	10
a with infinitive	18
addresses	24, 25, 37, 87
adjectives — agreement	1, 14, 27, 32, 86, 87, 89
adjectives — position	27, 32, 34, 48, 86
adjectives used with a noun	1
al with infinitive	33
article omitted with preposition	10, 11
article with dates, times	55, 77
con in place of 'and'	25, 27
dates — use of *día*	73, 77
familiar form of address	11, 88
hay meaning 'on sale'	23
imperative — familiar form	11
imperative — infinitive	75
imperative — past participle with infinitive	13, 28, 72
imperative — subjunctive	15, 33, 75, 85, 88
neuter *lo*	88
para with infinitive ('in order to')	77
para meaning 'intended for'	17, 38, 87
por meaning 'by' (agent)	50, 77
por meaning 'on' (place)	11
por meaning 'per' (proportion)	18, 36, 69
por meaning 'in' (time)	55
pronoun — relative	77
use of the reflexive *se*	66, 76, 84
subjunctive with adverbial clause	17
subjunctive with verb of permission	88
subjunctive with possibility	17, 33
time without definite article	1, 13

WORD LIST

The meanings given are specific to the context of the pictures. Other meanings have been generally omitted.

Sometimes you will come across a box in which you will find a selection of words related in topic. You may find these useful in widening your appreciation of this topic.

abono subscription, guarantee
aceite oil
acera pavement
acontecimiento event
en al acto while you wait
aficionado fan, enthusiast
aguas menores urine, water
aguas mayores faeces, excrement
ahumado smoked
ajeno not of, having no business with
alcachofa artichoke
alguien anyone
alimentación food
almacén store, warehouse
almuerzo lunch, snack

> desayuno breakfast
> comida meal, lunch, midday meal
> cena supper, dinner in the evening
> causeo snack
> merienda tea-time snack
> bocadillos filled bread rolls
> sandwiches filled bread slices
> platos combinados in Spain meat and
> vegetables are taken separately. If
> they are eaten together on one plate
> as in England, they are known as
> *platos combinados*
> bolsa de viaje packed lunch
> postre sweet course, dessert
> tapas appetisers eaten with a drink.

alquiler to hire
anisado aniseed drink
antelación priority
aparcamiento parking
aparejador overseer, Clerk of Works
arreglo arrangement, order
atún tunny fish
ayuntamiento town hall

banderillero the man who places the
    darts in the bull during a bullfight
bañarse to bathe
barquillo large square section cornet of
    ice cream
besugo sea bream (carp)
bocadillo filled bread roll
bombón helado choc ice
bonito striped tunny fish
braza breast stroke
butaca front stall seat

cadena chain
calamares squid
calentador heater
calzados footware
callos tripe
cambio change, exchange
camión lorry, truck
carga charge up
carnet de conductor driving permit
carnicería butcher's shop

carrocería coachbuilder's works
caza game, hunting
cenicero ashtray
cerdo pork
claustro cloister
clavel carnation
cobrar to charge for, to cover
cocina cooker, kitchen
coches sin conductor self-drive hire cars
colgar to hang up
colilla cigarette end
colocar to arrange, to place
confecciones household linen
cono cornet (ice cream)
cordero lamb
correos the post
correr to run
corrida bullfight of mature bulls

novillada bullfight with young bulls and
apprentice bullfighters
becerrada usually an amateur fight with
very young bulls, 1 to 2 years old
rejoneo bullfight from horseback with a
rejón or short lance
alguaciles mounted bailiffs who receive
the keys of the bull pens from the
president of a bullfight at the start of
a fight
matador a formal killer of bulls sometimes called an *espada*
estoque sword
pica lance carried by mounted picador
banderilla steel pointed dart placed in
the bull's shoulder during a bullfight
by the *banderillero*
cuadrilla team of helpers consisting of
picadores, banderilleros and general
helpers (*monosabios*)
paseo formal entry into ring at the start
of a *corrida*
sorteo draw to find which bulls will be

fighting which matador
sobresaliente substitute
traje de luces fighting suit
capote silk fighting cape
muleta red cloth used in final act
quite the separation of bull from horse
or man by using the cape
orejas ears
rabo tail
suerte a corrida consists of 3 *suertes* or
tercios (thirds); *s. de varas* (lances);
s. de banderillas; s. de la muerte

cortinas curtains
costillas chops
coto area, terrain
cuadrilla a matador's team of helpers
cuñas wedge heeled shoes
curtidos leather goods
champiñón mushroom
charcutería shop selling prepared meats
chaval (-a) lad (lass)
chipirones small version of calamares or
squid
chorizo highly seasoned smoked sausage
chuleta cutlet

decimo tenth part (of a lottery ticket)
dejar to leave, let
descuento discount
devolver to refund
dirección address (*domicilio* and *señas*
are also used in this context)
divisa emblem
dna (docena) dozen
domicilio home
domingo Sunday

embutido stuffed, packed
empresa enterprise, business
enfermedad illness
engrase greasing

entremeses hors d'œuvres
entresuelo mezzanine

planta baja ground floor
piso primero 1st floor (2nd storey above
the *entresuelo*)

espada sword, and by implication sometimes the swordsman
espalda back stroke
estacionamiento car parking
estancia stay
estufa stove
expendeduría shop where monopoly
goods are sold

fecha date
feria fair
ferretería hardware shop, ironmonger's

armería gunsmith
cerrajería locksmith
llaves keys

ferrocarril railway
festejos entertainment
ficha ticket, card
de frente head on
frigorífico refrigerator

gafas glasses, spectacles
gambas prawns
gazpacho Andalusian cold garlic soup
gorro cap
grúa crane
guisantes peas

helado de corte ice cream wafer
horario time-table
horchata a cooling milk-like drink made
from almonds
al horno baked

importe amount, total price

jinete horseman
joyería jeweller's shop
judías beans
jueves Thursday
jugo juice

lavadora washing machine
lentillas de contacto contact lenses
lidiar to fight, contest (e.g. bullfight)
local premises
lomo loin
lucha fight, struggle
lugar place
llegada arrival

mantequería dairy
mariposa butterfly (stroke)
a medida que while
mejillones mussels
melocotón, peach, *m. en almíbar*, tinned
peach
merluza hake
microteléfono telephone handset
Ministerio de la Vivienda Ministry of
Housing
moqueta fabric used in upholstery
morcilla black pudding
con motivo de on the occasion of
multa fine

natación swimming
novillada bullfight between an apprentice
matador and young bulls

obras benéficas works of charity

palco box at a theatre or cinema
panadería baker
pañería draper's shop
parabrisas windscreen

pastelería pastry or cake shop
peatón pedestrian
peluquería hairdresser's shop
pensión lodging house, boarding house
pensión alimenticia meals only in a
   pensión
pensión completa full board and lodging
peregrino pilgrim
pez (*pl.* peces) fish
picador horseman with pike in first part
   of a bullfight
pimentos peppers
piña pineapple
plátano banana
platea front stall
platería silversmith's shop
póliza invoice
polo iced lolly
pollo chicken
postre sweet course, dessert
potable drinkable
RP padres, fathers

> RP Reverend Father
> RR PP Reverend Fathers
> S, Sto, Sta Saint
> RM Reverend Mother

precepto order, rule
preciso necessary
pulpo octopus

queso cheese

ranura slot
rebaja reduction, discount

> liquidación sale, clearance
> ofertas offers
> pares sueltos oddments, part items
> restos de serie remnants, ends of lines
> surtido stock, supply

recargo extra charge or tax

recaudación collection
rejoneador matador who fights from
   horseback with a short lance
relojería watchmaker's shop
RENFE *Red Nacional de Ferrocarriles
   Españoles,* (Spanish National Railway
   Network)

> expreso normal stopping train
> rápido through train with only main
> town stops. Some of these are named,
> eg *Rápido-TER*
> tren ómnibus stopping (or loca) train
> férrobus one coach train
> automotor combined carriage with
> driver compartment at each end

responder de to be responsible for
riel rail

salchichas sausages
salidas departures
sastrería tailor's shop
sello stamp
señal mark
servicios toilets

> señoras, damas ladies
> señores, caballeros, hombres gents
> aseos washroom
> orinarios gents only
> retrete toilet, lavatory
> W.C. as in English but pronounced
> 'vay-thay'
> el water W.C.

sillón de entresuelo balcony seat in
   cinema or theatre
sobresaliente substitute for a matador in
   case of accidents
sorteo draw
subida way up

bajada way down
entrada way in
salida way out
ascensor lift

sujetar to hold on

tabacalera tobacconist
taller workshop
taquilla ticket office
tendido one of a row of seats, the row itself
ternera veal
timbre stamp, bell
tortilla omelette
a través de through, across
trucha trout

uvas grapes

vencedor victor, winner
verbena outdoor dance at night on the eve
    of a saint's day
vergüenza shame
vespertina evening service
viaje journey, tour

zapato shoe